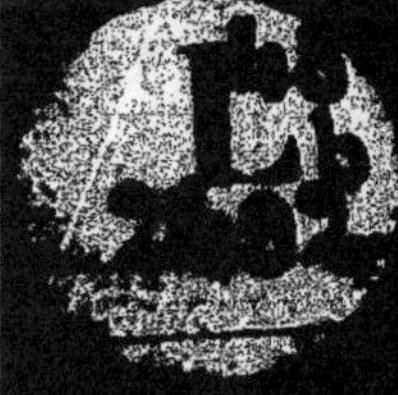

BANQUET

DONNÉ LE 15 JANVIER 1824,

PAR

LA GARDE NATIONALE A CHEVAL

DE PARIS,

En mémoire des triomphes

DE SON ALTESSE ROYALE

Mgr LE DUC D'ANGOULÊME.

PARIS,

DE L'IMPRIMERIE DE J. G. DENTU,

RUE DES PETITS-AUGUSTINS, N° 5.

—

MDCCCXXIV.

GARDE NATIONALE A CHEVAL.

(13ᵉ LÉGION.)

—

Banquet.

La Garde nationale à cheval (13ᵉ Légion) s'est réunie au *Cadran-Bleu*, le jeudi 15 janvier 1824, pour célébrer en famille le retour de S. A. R. Monseigneur, duc d'Angoulême. La fête était présidée par le colonel, M. le duc de Fitz-James, qui se trouve presque entièrement rétabli de sa grave blessure. Pour chaque santé portée au Roi, aux Princes et Princesses, M. Joubert, garde à cheval, avait composé des couplets qui réunissaient à l'expression du dévoûment à la famille royale, celle du patriotisme français ; et M. Frédéric Duvernois, professeur au Conservatoire, avait adapté à ces paroles une musique extrêmement mélodieuse. Ces divers morceaux, qui ont été chantés d'une manière brillante par MM. Prévost père, Trévaux et Courtin, tous trois artistes de l'Académie royale de musique, ont excité un enthousiasme difficile à décrire. La santé de **M.** le maréchal duc de Reggio a été également accueillie avec transport, et ces toasts ont été couronnés par celui offert à **M.** le duc de Fitz-James ; alors **M.** Gentil, l'un de nos plus aimables chansonniers, et officier de la Garde nationale à pied, l'a félicité, par de fort jolis couplets, sur son rétablissement ; et **M.** Joubert, prenant la parole après lui, au nom de toute la 13e Légion, a interprété fidèlement ses sentimens envers son digne colonel, en lui témoignant, par d'autres couplets remplis de gaîté et de franchise, combien **MM.** de la Garde à cheval attachaient de prix à l'honneur de pouvoir encore servir sous les ordres d'un des plus fidèles serviteurs de S. A. R. le Prince colonel-général.

Toasts

PORTÉS DANS LE BANQUET DE LA GARDE NATIONALE A CHEVAL,

le 15 janvier 1824.

**1er. *Au* ROI, *par* M. *le duc* de Fitz-James,
colonel.**

J'ai l'honneur de vous porter la santé du
ROI. Puisse-t-il vivre long-temps pour conso-
lider les institutions que lui doit la France, et
pour prouver aux hommes timorés, ou qui
feignent de l'être, que quand un Bourbon a
donné sa parole, il n'y manque jamais !

NOS VOEUX POUR LE ROI.

Daigne exaucer notre prière,
O divin maître du tonnerre !
Que pour un monarque adoré
Le vœu d'un peuple soit sacré !
Dans son amour pour la patrie,
Entends le Français qui s'écrie :
Veille sur lui (*Bis.*)

De ses sujets il est le père,
Par ses lois la France prospère ;
Pour ne régner que sur les cœurs,
Il sait pardonner aux erreurs,
Et la tendre reconnaissance
Te dit sans cesse : O Providence !
    Veille sur lui. (*Bis.*)

Paroles de F. JOUBERT, musique
de Frédéric DUVERNOY.

2°. *A* S. A. R. MONSIEUR, *par M. le colonel comte* de Caumont.

A S. A. R. MONSIEUR, notre colonel-général. Puissions-nous un jour reprendre le service d'honneur que nous faisions autrefois auprès de sa personne !

Air d'*Une nuit de la garde nationale.*

Amis,
Nous voilà réunis,
Tous nos cœurs sont unis,
Qu'à l'instant on s'apprête,
De MONSIEUR, Prince bien aim
A porter la santé.
Pour couronner la fête.
L'honneur
De garder Monseigneur
Est la noble faveur
Que notre corps fidèle
Mérita par son zèle ;

Toujours le bien servir,
Le voir et le chérir,
Voilà notre plaisir.
Chaque jour près de Son Altesse,
Notre garde monte au château,
Et toujours MONSIEUR nous adresse
En passant compliment nouveau.

Sa figure
Nous assure
Bonté pure,
Cœur bienfaisant.
Son sourire
Semble dire
Qu'il désire
Nous voir souvent.

Le jour,
La nuit, chacun son tour,
Les gardes font toujours
La faction complète,
Et donnent deux coups de talon
Au pair, au grand cordon
Qui viennent au salon.
Souvent,
Si quelqu'un vient montant
Au pavillon Marsan
Son chapeau sur la tête,
Un garde au malhonnête
A l'instant dit tout haut :
Monsieur, sachez qu'il faut
Oter votre chapeau,

Sur le soir, en cercle on bavarde.
Après l'ordre, on va se coucher ;
Et la nuit notre corps-de-garde,
C'est la grande salle à manger.

A merveille,
L'un sommeille,
L'autre veille
Près d'un ronfleur ;
Chez Rosine,
Sa cousine,
S'achemine
Maint amateur.

Amis,
Comment, je vous trahis !
Indiscret que je suis !
Colonel, je vous jure,
En ce moment je plaisantais,
Nous ne couchons jamais
Autre part qu'au palais.
Enfin,
Lorsque le lendemain,
MONSIEUR de grand matin
Doit monter en voiture,
De l'heure l'on s'assure,
Le tambour bat aux champs,
Et nous partons devant
Toujours en galopant.
Au relais nous sommes bien vite,
Nous mettons alors sabre en main.
MONSIEUR part, l'escorte le quitte

Et l'attend au traiteur voisin.
A l'hôtesse
L'un s'adresse
Et la presse
Pour déjeuner ;
L'autre guette
La fillette
Gentillette
Pour l'embrasser.

Soudain,
Si notre libertin
Croit être bien certain
De gagner la cruelle,
Lorsqu'il est tout brûlant d'ardeur,
Tout à coup un piqueur
Annonce Monseigneur.
Il faut
En finir aussitôt,
Il dit encor un mot
Pour décider la belle ;
Elle n'est plus rebelle ;
Mais on donne un signal ,
Il remonte à cheval
D'un air peu jovial.
On galope alors ventre à terre ;
Car MONSIEUR venant de chasser,
Doit aller chez le Roi son frère
A six heures pour le dîner.
Le jour baisse,
Le temps presse,

Son Altesse
Rentre à Paris,
Et tranquille,
Chacun file
Dans la ville
Vers son logis.

C'est dit,
Oui, ma chanson finit,
Je crois avoir écrit
De ma plume
Un volume,
Pour faire un tableau littéral
Du service royal
De la garde à cheval.

Par F. JOUBERT.

3°. *A* S. A. R. Mgr le duc d'ANGOULÊME, *par M. le chevalier* de Beuvry, *lieutenant-colonel.*

Du héros du Midi conservons souvenance.
Amis, unissons-nous, et répétons en chœur :
Honneur au fils des Rois, dont la noble vaillance
Rend la France à sa gloire et l'Espagne au bonheur.

4°. *A* S. A. R. MADAME, duchesse d'Angoulême, *par M. le marquis* de Pons, *lieutenant-colonel.*

En tous lieux sa présence est chère,
Partout on répète ces mots :

« Chaque Français n'a-t-il pas une mère
« Dans l'héroïne de Bordeaux ! »

HOMMAGE A LA VALEUR.

A S. A. R. MONSEIGNEUR LE DUC D'ANGOULÊME.

A la valeur offrons tous notre hommage,
Faisons des vœux avec sincérité
Pour ce guerrier si généreux et sage,
Au champ d'honneur par la gloire adopté.
Il a rendu la paix à l'Ibérie,
L'Europe entière admire ses hauts faits,
Et la victoire au sein de la patrie
Sous des lauriers unit tous les Français.

Ne craignons plus le joug de l'arbitraire,
Un Prince veille au maintien de nos droits ;
De nos soldats il s'est montré le père,
En illustrant le défenseur des Rois.
Ami du peuple, et fier de son suffrage,
Nous le voyons honorer le talent,
Et du pouvoir ne consacrer l'usage
Qu'à protéger le faible et l'indigent.

Comme j'ai plaint son épouse chérie,
Le cruel Mars pouvait les séparer !
Bravant la mort *en bonne compagnie*,
Au premier rang il voulait se montrer.
Il est vainqueur ; il veut dans sa clémence
Tendre aux vaincus sa généreuse main,
Et l'héroïne en parcourant la France
Y consolait la veuve et l'orphelin.

Quel souvenir pour notre capitale !
Elle a revu tous ces braves Français
Suivant leur chef sous l'arche triomphale
Que la patrie élève à leurs succès.
Pour honorer à jamais sa mémoire,
En consacrant un triomphe si beau,
Paris verra ce monument de gloire
Eternisé par le Trocadero.

Paroles de F. JOUBERT, musique
de Frédéric DUVERNOY.

5ᵉ. *A* S. A. R. Mᵐᵉ la duchesse DE BERRI, *par M. le chevalier* de Larnière, *major.*

Puisse-t-elle jouir du même bonheur dont elle nous a comblés en nous donnant Mᵍʳ le duc de Bordeaux !

Vive Mᵐᵉ la duchesse de Berri !
Vive Mᵍʳ le duc de Bordeaux !
Vive MADEMOISELLE !

HOMMAGE

A S. A. R. Mᵐᵉ LA DUCHESSE DE BERRI, ET AUX ENFANS
DE FRANCE.

Le plus grand deuil régnait partout en France,
Lorsque le Ciel, sensible à notre voix,
Permit enfin qu'une auguste naissance
Vint raffermir le trône de nos Rois.
Gardons-le bien, qu'il soit chéri !
Vive Henri ! vive Henri !

Le souvenir de son malheureux père
Est douloureux autant qu'il est touchant;
Français, rendez le bonheur à sa mère
Par votre amour pour le royal enfant.
  Gardez-le bien, qu'il soit chéri!
  Vive Henri! vive Henri!

Pour le former au grand art de la guerre,
Par notre armée il doit être adopté,
Puisqu'avec elle un Bourbon peut tout faire
En défendant la légitimité.
  Gardons-le bien, qu'il soit chéri!
  Vive Henri! vive Henri!

Paroles de F. JOUBERT, musique
de Frédéric DUVERNOY.

6°. *A* M. le maréchal duc DE REGGIO, *commandant en chef, par M. le chevalier* Guénin, *capitaine.*

La santé que j'ai l'honneur de porter est celle de M. le duc de Reggio, notre brave général.

Sa valeur vous est connue. Elle est, ainsi que sa fidélité, à toute épreuve, et c'est à juste titre qu'on le nomme *Nouveau Bayard, chevalier sans peur et sans reproche.*

Vive le maréchal!

7°. *A* M. le duc de FITZ-JAMES, *colonel, par* M. *le chevalier* Roulet, *chef d'escadron.*

Messieurs, j'ai l'honneur de vous proposer une santé qui nous est aussi bien chère à tous : c'est celle de notre brave colonel, M. le duc de Fitz-James.

COUPLETS A M. LE DUC DE FITZ-JAMES.

AIR : *Je suis Français, mon pays avant tout.*

En te voyant présider cette fête,
Mon colonel, je cède à ma gaîté,
Et près de toi je deviens l'interprète
De tous nos vœux pour ta chère santé. (*Bis.*)
Chacun de nous invoquait ta présence,
Et nous devons te prouver en ce jour,
 Qu'il faut juger des regrets de l'absence
Par le plaisir qu'inspire le retour.

J'aime à chanter ton noble caractère ;
Le peuple en toi trouve un législateur,
L'armée y voit un brave militaire,
 Le souverain un loyal défenseur. (*Bis.*)
Depuis long-temps le régiment s'honore
D'être soumis à ton commandement ;
Mais si tu veux qu'il se recrute encore,
Conserve-lui son plus bel ornement.

A ce bon Prince, auprès duquel tu veilles,
Va raconter qu'au sein de nos banquets,

En son honneur nous vidons nos bouteilles,
Et de son fils nous chantons les succès. (*Bis.*)
Ajoute-lui que tout ici dénote
Un grand succès pour l'élective loi ,
Et que chacun en déposant son vote
Contentera sa patrie et son Roi.

Sois un peu moins amateur de la chasse ;
Ne vaut-il pas bien mieux, cher colonel ,
Lorsque tu veux manger lièvre ou bécasse ,
Utiliser un bon maître d'hôtel ? (*Bis.*)
De ton malheur éloigne ta pensée ,
Pour ton pays bientôt tu guériras ,
Et désormais ta plume et ton épée
Sauront encor faire honneur à ton bras.

Par F. JOUBERT.

LE TOAST D'UN GARDE A CHEVAL,

A SON COLONEL.

Air du *Vaudeville des Filles à marier.*

Lorsque du sort une fatale chance
Changea pour lui le plaisir en malheur,
Atteints du coup qui causait sa souffrance ,
Nous souffrions de sa propre douleur. (*Bis.*)
Mais notre chef en ce moment partage
Notre allégresse, et boit à verre plein ;
Applaudissons à son heureux destin !
Perdre le bras eût été grand dommage
Pour qui toujours a le cœur sur la main. (*Bis.*)

Parmi les toasts que l'amour vous propose
Dans ce banquet auguste et fraternel,
Voici le mien : Oui, sans faire de pause,
Buvons, amis, à notre colonel, (*Bis.*)
Preux chevalier, soutien de la couronne,
Perdant un bras sans témoigner d'effroi.
Il se croirait encore heureux, ma foi!
D'en avoir un pour défendre le trône
Et pour porter la santé de son Roi. (*Bis.*)

Pour cette cure, ô vous, pleins de jactance,
Tout amour-propre est ici déplacé :
Sachez qu'un Prince adoré de la France,
Deux fois par jour visitait le blessé. (*Bis.*)
Sans le secours des docteurs du royaume,
Sans leurs juleps et leurs savans travaux,
Être l'ami du père du héros!...
Convenez-en, messieurs, un pareil baume
N'est-il pas fait pour guérir tous les maux ? (*Bis.*)

FIN.